U0560397

鲁拜集

真言题

启真馆 出品

〔波斯〕欧玛尔·海亚姆 著

蔡天新 译

鲁拜集

（插图本）

启真
照亮经典
系列

ZHEJIANG UNIVERSITY PRESS
浙江大学出版社
·杭州·

图书在版编目（CIP）数据

鲁拜集：插图本：英汉对照 /（波斯）欧玛尔·海
亚姆著；蔡天新译. —杭州：浙江大学出版社，
2023.11

（启真照亮经典系列）

书名原文: Rubaiyat of Omar Khayyam

ISBN 978-7-308-24240-0

Ⅰ. ①鲁…　Ⅱ. ①欧…②蔡…　Ⅲ. ①诗集—伊朗—
中世纪—英、汉　Ⅳ. ①I373.23

中国国家版本馆CIP数据核字（2023）第178850号

鲁拜集（插图本）

［波斯］欧玛尔·海亚姆 著　蔡天新 译

责任编辑	伏健强
文字编辑	王　军
责任校对	董齐琪
装帧设计	毛　淳
出版发行	浙江大学出版社
	（杭州天目山路148号　邮政编码310007）
	（网址：http:// www.zjupress.com）
排　　版	北京楠竹文化发展有限公司
印　　刷	北京中科印刷有限公司
开　　本	880mm×1230mm　1/32
印　　张	9.5
字　　数	194千
版 印 次	2023年11月第1版　2023年11月第1次印刷
书　　号	ISBN 978-7-308-24240-0
定　　价	69.00元

浙江大学出版社市场运营中心联系方式：（0571）88925591；http://zjdxcbs.tmall.com

从《鲁拜集》的诗篇里可以看出，宇宙的历史是由神构思、演出和观看的戏剧。

——豪·路·博尔赫斯

欧玛尔·海亚姆的世界（代译序）

> 伊斯法罕：世界的一半。
>
> ——波斯谚语

一　身体的世界

要了解波斯数学家、诗人欧玛尔·海亚姆的生活轨迹，我们必须先来谈谈他的故乡霍拉桑（Khorasan）这个历史地名，它的另一个中文译名是呼罗珊。这个词在波斯语里的含义是"太阳之地"，意即东方。虽然霍拉桑如今只是伊朗东北部的一个省份（其省会城市马什哈德是什叶派穆斯林的朝圣之地），以制作图案精美的手织地毯闻名。但在从前，它所包含的地域却要宽广许多，除了霍拉桑省以外，还包括土库曼斯坦南部和阿富汗北部的广大地区；确切地说，北面从里海到阿姆河，南面从伊朗中部沙漠的边缘到阿富汗的兴都库什山脉。有些阿拉伯地理学家甚至认为，该地区一直延伸至印度边界。

说到阿姆河（Amu Darya）这条中亚流量最大的河流，它蜿蜒于阿

i

富汗、塔吉克斯坦、乌兹别克斯坦、伊朗之间，最后注入了咸海。传说 9 世纪的阿拉伯数学家花拉子密就出生在此河下游炎热的古城希瓦（Khiva，今属乌兹别克斯坦），他是代数学的命名人。而兴都库什山区则是当年玄奘西天取经路过的地方，他在《大唐西域记》里称之为大雪山，后来成为布什政府悬赏缉拿的本·拉登可能的藏身之地。欧玛尔·海亚姆的足迹超出了霍拉桑的地域范围，他向北到达了乌兹别克斯坦的中心城市撒马尔罕，向南直抵伊朗高原上的伊斯法罕，甚至阿拉伯半岛的西端——麦加。

作为一个数学家，海亚姆生活过的国家之多（依照今天的行政划分是四个，不含朝圣地沙特）恐怕只有古希腊的毕达哥拉斯可以超出，后者居留过的地方包括希腊、黎巴嫩、埃及、伊拉克和意大利。而综观古代世界的诗人，尽管职业需要他们浪迹天涯，却似乎无人有此等幸运。大概正因为如此，荷马在他的史诗《奥德赛》里让主人公历经十年的海上迷途才返回故乡，而但丁则在他的《神曲》里亲身经历了地狱和天堂。海亚姆之所以能云游四方，恐怕与他出身于手工艺人家庭有关，也得益于伊斯兰的势力范围之广。

1048 年 5 月 18 日，海亚姆出生在古丝绸之路上的内沙布尔，如今它是一座只有十几万人的小城，离马什哈德仅 70 多公里，以制陶艺术闻名。他先在家乡，后在阿富汗北部小镇巴尔赫接受教育，巴尔赫位于喀布尔西北约三百公里处，离他的故乡有千里之遥。正如"海亚姆"这个名字的含义是"帐篷制作者"那样，欧玛尔的父亲是一位手工艺人，他经常率领全家从一座城市迁移到另一座城市。可是，由于时局动乱，海亚姆无法专心学习，如同他在《代数学》的序言中所写的："我不能集中精力去学习代数学，时局的变乱阻碍着我。"尽管如此，他写出了颇有价值的《算术问题》和一本关于音乐的小册子。

大约在 1070 年前后，20 岁出头的海亚姆离家远行，他向北来到中亚最古老城市之一的撒马尔罕。曾被亚历山大大帝征服的撒马尔罕那会儿正处于（土耳其）突厥人的统治之下，其时"一代枭雄"成吉思汗和意大利旅行者马可·波罗均未出世，他们后来从不同的方向以不同的方式踏上过这块土地。海亚姆来此是应当地一位有政治地位和影响的大学者的邀请。在主人的庇护下，他安心从事数学研究，完成了代数学的重要发现，包括三次方程的几何解法，这在当时算最深奥、最前沿的数学了。依据这些成就，海亚姆完成了一部代数著作《还原与对消问题的论证》，后人简称为《代数学》，他也因此成名。

不久，海亚姆应塞尔柱王朝第三代苏丹马利克沙的邀请，西行至都城伊斯法罕，在那里主持天文观测并进行历法改革，并受命在该城修建一座天文台。塞尔柱人本是乌古斯部落的统治家族，这个部落是居住在中亚和蒙古草原上突厥诸族的联盟，其中的一支定居在中亚最长的河流——锡尔河下游，即今天哈萨克斯坦境内靠近咸海的地方，并加入了伊斯兰教逊尼派。11 世纪时，他们突然离开故土，向南尔后向西，发展成为一个控制了从阿姆河到波斯湾，从印度河到地中海的大帝国。一个世纪以后蒙古人的远征无疑是受此鼓舞，他们和突厥人本是同宗，不同的是，蒙古人只有一部分皈依了伊斯兰教。

由于塞尔柱人没有自己的文化传统，他们接受了辖内波斯经师们的语言，波斯文学广为流传，波斯的学者和艺术家也得到了尊重，这一点与马其顿人对希腊的征服如出一辙。正因为如此，海亚姆才有机会去首都。现在我们必须说说伊斯法罕这座城市，它是今天伊朗仅次于首都德黑兰的第二大城市，有一百多万人口，以宏伟的清真寺、大广场、水渠、林荫道和桥梁闻名（这些景象在我于 2004 年夏末抵达时依稀可辨）。除了塞尔柱王朝以外，波斯帝国的国王阿拔斯一世也曾定都此城，使其成为 17 世纪世界上最美丽动人的城市。有一句波斯谚语流传至今："伊斯法罕：世界的一半。"

马利克沙是塞尔柱王朝最著名的苏丹，1072 年，年仅 17 岁的他便继承了王位，得到了老丞相穆尔克的鼎立辅助。马利克沙在位期间，继承了父亲的事业，征服了上美索不达米亚和阿塞拜疆的藩主，吞并了叙利亚和巴勒斯坦的土地，并控制了麦加、麦地那、也门和波斯湾地区。据说他的一支军队抵达并控制了君士坦丁堡对岸的尼西亚，拜占庭帝国遂遣使向西方求救，于是才有了几年以后十字军的首次东征。与此同时，国内的人民安居乐业，苏丹本人对文学、艺术和科学均表现出了极大的兴趣，他广邀并善待学者和艺术家，兴办教育，发展科学和文化事业。

在历史学家看来，马利克沙统治下的伊斯法罕以金光灿烂的清真寺、欧玛尔·海亚姆的诗篇和对历法的改革闻名，其中后两项与海亚姆直接有关。他仅担任伊斯法罕天文台台长就达 18 年之久，无疑这是海亚姆一生最安谧的时期。遗憾的是，到了 1092 年，马利克沙的兄弟霍拉桑总督发动了叛乱，派人谋杀了穆尔克，苏丹随后也（在巴格达）突然去世，塞尔柱王朝急剧衰退了。马利克沙的第二任妻子接管了政权，她对海亚姆很不友善，撤销了对天文台的资助，历法改革难以继续，研究工作也被迫停止。可是，海亚姆仍留了下来，他试图说服和等待统治者回心转意。

大约在 1096 年，马利克沙的第三个儿子桑贾尔成为塞尔柱王朝的末代苏丹，此时帝国的疆土早已经收缩，他更像是霍拉桑的君主了。尽管成年以后，桑贾尔也曾征服阿姆河和锡尔河之间的地带，并到达印度边境，但最后仍兵败撒马尔罕。1118 年，他不得不迁都至北方的梅尔夫，那是中亚细亚的一座古城，其遗址位于今天土库曼斯坦的省会城市马雷。海亚姆也随同前往，在那里他与他的弟子们合写了一部著作《智慧的天平》，用数学方法探讨如何利用金属比重确定合金的成分，这个问题起源于阿基米德。

晚年的海亚姆独自一人返回了故乡内沙布尔，招收了几个弟子，并间或为宫廷预测未来事件（梅尔夫离内沙布尔不远）。海亚姆终生未娶，既没有子女，也没有遗产，他死后，他的学生将其安葬在郊外的桃树和梨树下面。海亚姆的四行诗在 19 世纪中叶被译成英文以后，他作为诗人的名声传遍了世界，至今他的《鲁拜集》已有几十个国家的一百多种版本问世。为了纪念海亚姆，1934 年，多国集资在他的故乡修建了一座高大的陵墓。海亚姆纪念碑是一座结构复杂的几何体建筑，四周围绕着八块尖尖的菱形，菱形内部镶嵌着伊斯兰的美丽花纹。

二 智力的世界

海亚姆早期的数学著作已经散失，仅《算术问题》的封面和几片残页保存在荷兰的莱顿大学。幸运的是，他最重要的一部著作《代数学》流传了下来。1851 年，此书被 F. 韦普克从阿拉伯文翻译成了法文，书名叫《欧玛尔·海亚姆代数学》，虽然没赶上 12 世纪的翻译时代，但比他的诗集《鲁拜集》的英文版还是早了 8 年。1931 年，在海亚姆诞辰八百周年之际，由 D. S. 卡西尔英译的校订本《欧玛尔·海亚姆代数学》也由美国哥伦比亚大学出版了。我们今天对海亚姆数学工作的了解，主要是基于这部书的译本。

在《代数学》的开头，海亚姆首先提到了《算术问题》里的一些结果。"印度人有他们自己开平方、开立方的方法，……我写过一本书，证明他们的方法是正确的。并且我加以推广，可以求平方的平方、平方的立方、立方的立方等高次方根。这些代数的证明仅仅以《原本》里的代数部分为依据。"这里海亚姆提到他写的书应该是指《算术问题》，而《原本》即欧几里得的《几何原本》，这部希腊数学名著在 9 世纪就被译成阿拉伯文，而意大利传教士利玛窦和明代学者徐光启合作把它部分译成中文已经是 17 世纪的事情了。

海亚姆所了解的"印度算法"主要来源于两部早期的阿拉伯著作《印度计算原理》和《印度计算必备》，然而，由于他早年生活在连接中亚和中国的古丝绸之路上，很可能也受到了中国数学的影响和启发。

在至迟于公元前 1 世纪就已问世的中国古代数学名著《九章算术》里，给出了开平方和开立方的一整套法则。在现存的阿拉伯文献中，最早系统地给出自然数开高次方一般法则的是 13 世纪纳西尔丁编撰的《算板与沙盘算术方法集成》。书中没有说明这个方法的出处，但由于作者熟悉海亚姆的工作，因此数学史家推测，极有可能出自海亚姆。可是，由于《算术问题》失传，这一点已无法得到证实。

海亚姆在数学上最大的成就是用圆锥曲线解三次方程，这也是中世纪阿拉伯数学家最值得称道的工作。所谓圆锥曲线就是我们中学里学到过的椭圆（包括圆）、双曲线和抛物线，可以通过圆锥与平面相交而得。说起解三次方程，最早可追溯到古希腊的倍立方体问题，即求作一立方体，使其体积等于已知立方体的两倍，转化成方程就成了 $x^3 = 2a^3$。公元前 4 世纪，柏拉图学派的门内赫莫斯发现了圆锥曲线，将上述解方程问题转化为求两条抛物线的交点，或一条抛物线与一条双曲线的交点。这类问题引起了伊斯兰数学家极大的兴趣，海亚姆的功劳在于，他考虑了三次方程的所有形式，并一一予以解答。

具体来说，海亚姆把三次方程分成 14 类，其中缺一、二次项的 1 类，只缺一次项或二次项的各 3 类，不缺项的 7 类，然后通过两条圆锥曲线的交点来确定它们的根。以方程 $x^3 + ax = b$ 为例，它可以改写成 $x^3 + c^2x = c^2h$，在海亚姆看来，这个方程恰好是抛物线 $x^2 = cy$ 和半圆周 $y^2 = x(h-x)$ 交点 C（如图 1）的横坐标 x，因为从后两式消去 y，就得到了前面的方程。不过，海亚姆在叙述这个解法时全部采用文字，没有方程的形式，让读者理解起来非常不易，这也是阿拉伯数学（就如同古代中国数学一样）后来难以进一步发展的原因之一。

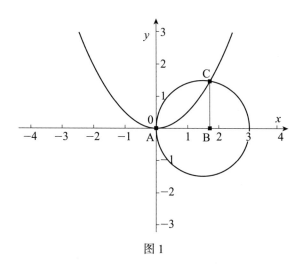

图 1

　　海亚姆也尝试过三次方程的算术（代数）解法，却没有成功。但他在《代数学》中预见，"对于那些不含常数项、一次项或二次项的方程，或许后人能够给出算术解法"。五个世纪以后，三次和四次方程的一般代数解法才由意大利数学家给出。而五次或五次以上方程的一般解法，则在 19 世纪被挪威数学家阿贝尔证明是不存在的。值得一提的是，解方程在欧洲的进展并不顺利。意大利几位数学家因为抢夺三次和四次方程的发明权闹得不可开交，甚至到了反目成仇的地步，而阿贝尔的工作至死都没有被同时代的数学家认可。

　　在几何学领域，海亚姆也有两项贡献，其一是在比和比例问题上提出新的见解，其二便是对平行公理的批判性论述和论证。自从欧几里得的《几何原本》传入伊斯兰世界以后，第五公设就引起了数学家们的注意。所谓第五公设是这样一条公理，"如果一直线和两直线相交，所构成的两个内角之和小于两直角，那么，把这两条直线延长，它们一定在那两内角的一侧相交"。这条公理无论在叙述还是内容方面都比欧氏提出的其他四条公设复杂，而且也不是那么显而易见，人们自然要产生证明它或用其他形式替代的欲望。需要指出的是，18 世纪的苏格兰数学家普莱菲尔将其简化为如今的形式，即过直线外一点能且只能作一条平行线与此直线平行，但仍然不那么自明。

1077 年，海亚姆在伊斯法罕撰写了一部新书，书名就叫《辩明欧几里得几何公理中的难点》，他试图用前四条公设推出第五公设。海亚姆考察了四边形 ABCD，如图 2 所示，假设角 A 和角 B 均为直角，线段 CA 和 DB 长度相等。由对称性可知，角 C 和角 D 相等。海亚姆意识到，要推出第五公设，只需证明角 C 和角 D 均为直角。为此，他先后假设这两个角为钝角、锐角。试图从中导出矛盾。有意思的是，这种处理问题的方式与 19 世纪才诞生的非欧几何学有着密切的联系。事

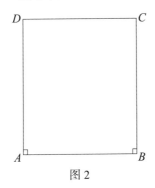

图 2

实上，假设前两种情况为真，就可以直接导出非欧几何学，后者是现代数学最重要的发现之一。

遗憾的是，海亚姆并没有意识到这一点，他的论证注定也是有缺陷的。他所证明的是，平行公设可以用下述假设来替换：如果两条直线越来越接近，那么它们必定在这个方向上相交。值得一提的是，非欧几何学发明人之一、俄国人罗巴切夫斯基也生活在远离西方文明的喀山。喀山是少数民族聚集的鞑靼斯坦共和国的首府，与伊斯法罕同处于东经 50 度附近，只不过喀山在里海的北面，而伊斯法罕在里海的南面。尽管海亚姆没有能够证明平行公设，但他的方法通过纳西尔丁的著作影响了后来的西方数学家，其中包括牛顿的直接前辈——沃利斯。

除了数学研究以外，海亚姆在伊斯法罕还领导一批天文学家编制了天文表，并以庇护人的名字命名之，即《马利克沙天文表》，现在只有一小部分流传下来，其中包括黄道坐标表和一百颗最亮的星辰。比制作天文表更重要的是历法改革，自公元前 1 世纪以来，波斯人便使用琐罗亚斯德教（创立于公元前 7 世纪）的阳历，将一年分成 12 月 365 天。伊斯法罕被阿拉伯人征服以后，被迫改用回历，即和中国的阴历一样：大月 30 天，小月 29 天，全年 354 天。不同的是，阴历有闰月，因而与寒暑保持一致；而回历主要为宗教服务，每 30 年才加 11 个闰日，对农业极为不利，盛夏有时在 6 月，有时在 1 月。

马利克沙执政时，波斯人已经重新启用阳历，他在伊斯法罕设立天文台，并要求进行历法改革。海亚姆提出，在平年 365 天的基础上，33 年闰 8 日。如此一来，一年就成了 365 又 8/33 天，与实际的回归年（地球绕太阳自转一圈所用时间）误差不到 20 秒，即每 4460 天才相差一天，比国际上现行普遍使用的公历（又称格里历，400 年闰 97 日，1582 年由罗马教皇格里高利颁布，但非天主教国家如英、美、俄、中等国迟至 18、19 甚或 20 世纪才开始实行）还要精确，后者每 3333 年相差一天。特别值得注意的是，如果把回归年的小数部分按数学的连分数展开，其渐近分数分别为

1/4，7/29，8/33，31/128，132/545，……

第一个分数 1/4 相当于四年闰一日，对应于古罗马独裁者恺撒颁布的儒略年，每 128 年就有一天误差。海亚姆的历法对应的是第三个分数，即 8/33。由此可见，海亚姆制定的历法包含了最精确的数学内涵，如果限定周期少于 128 年，则 33 年闰 8 日是最好可能的选择。他以 1079 年 3 月 16 日为起点，取名"马利克纪年"，可惜随着庇护人的去世，历法工作半途夭折了，而那个时候世界各国使用的阳历误差已多达十几天了。海亚姆感到无奈，他在一首四行诗中发出了这样的叹息（《鲁拜集》第 57 首）：

啊，人们说我的推算高明，
纠正了时间，把年份算准，
可谁知道，那只是从旧历中消去
未卜的明天和已逝的昨日。

三　精神的世界

如果海亚姆仅仅是个数学家和天文学家（据说他还精通医术，兼任苏丹的太医），那他很可能不会终身独居，虽然他的后辈同行笛卡尔、帕斯卡尔、斯宾诺莎、牛顿和莱布尼茨等也不曾结婚。这几位西方智者在从事科学研究之余，均把自己的精神献给宗教或哲学。海亚姆在潜心科学王国的同时，也悄悄地把自己的思想记录下来，但却是以诗歌的形式。不同的是，他的诗歌作品因为不合时宜，很有可能在初次展示以后便被收了起来；或者，由于他的身份是数学家和天文学家，被人们忽略了。事实上，尽管对海亚姆创作的诗歌数量意见不一，后世学者们一致认定，他并不囿于真主创造世界这一观点，因此，他不讨正统的穆斯林喜欢。

要谈论海亚姆的诗歌，必须先了解波斯的文学传统。公元651年，阿拉伯人摧毁了古伊朗最后一个王朝——萨珊，把波斯置于政教合一的哈里发的版图内，伊斯兰教取代了琐罗亚斯德教，阿拉伯语成了官方语言。但波斯民间却产生了新的语言——现代波斯语，它是古波斯语即巴列维语的变体，经过演变，用阿拉伯字母书写并引进了阿拉伯语词汇。运用现代波斯语进行创作的文学，就是波斯文学。波斯文学崛起的地方正好是海亚姆的故乡——霍拉桑，之后，在地中海东岸、中亚细亚、高加索地区、阿富汗和北印度也相继出现了著名的波斯语诗人和作家。

不仅如此，在被阿拉伯人占领几个世纪以后，在远离阿拉伯半岛的地方又出现了一个波斯人的王朝——萨曼，其疆域包括霍拉桑和河间地带。在塞尔柱人到来之前，已经有将近两百年的自由发展和工商业的繁荣，主要城市撒马尔罕成为学术和诗歌、艺术的中心，另一处诗歌中心则是阿富汗北部的巴尔赫，这两个地方恰好是海亚姆年轻时逗留过的地方。9世纪中叶，被誉为"波斯诗歌之父"的鲁达基出生在撒马尔罕郊外，他年轻时四处游历，晚年贫穷潦倒且双目失明，可仍活到了90岁高龄，并奠定了被称作霍拉桑体的诗歌风格。

在鲁达基去世前六年，霍拉桑又诞生了一位重要诗人菲尔多西，他也被波斯人认为是他们民族最伟大的诗人，其代表作叙事史诗《列王纪》（完成于1010年）讲述了从神话时代到萨珊王朝历代皇帝的故事。将近一千年来，这部诗集被世世代代的波斯人吟咏或聆听。它具有霍拉桑诗歌的特点，即叙述简明，用词朴实，描述人物和环境不过多铺垫，并绝少使用阿拉伯语汇。不过，有些西方学者批评菲尔多西这部浩瀚的诗篇中韵律单调枯燥，内容陈旧且不断重复。但是对现代的伊朗人而言，这部书对他们就像《圣经》对说英语的基督教徒那样通俗易懂。

在菲尔多西逝世20多年以后，海亚姆降生在霍拉桑。不过，此时他的故乡已经在塞尔柱王朝的统治之下。如果不是在内沙布尔开始他的诗人生涯，那么至少他也应该在巴尔赫或撒马尔罕这两处诗歌中心萌发灵感。由于海亚姆死后半个世纪才有人提到他的诗人身份，我们对他生前的写作状况就无从了解了。只知道海亚姆写的是无题的四行诗，这是一种由鲁达基开创的诗歌形式，第一、二、四行的尾部要求押韵，类似于中国的绝句。虽然，每行诗的字数并无严格的要求，却也有着"语不惊人死不休"（杜甫诗句）的气概，正如海亚姆诗中所写的（《鲁拜集》第71首）：

> 那移动的手臂弹指间已完成，
>
> 继续吟哦，并非用虔诚或智慧，
>
> 去引诱返回删除那半行诗句，
>
> 谁的眼泪都无法将单词清洗。

1859年，即达尔文出版《物种起源》那年，一个叫爱德华·菲茨杰拉德的英国人把海亚姆的101首诗汇编成一本朴素的小册子，取名《鲁拜集》（*Rubaiyat*，阿拉伯语里意即四行诗）并匿名发表，那年他已经50岁，在文坛寂寂无名。此前，他曾尝试将其翻译成拉丁文，最后才决定用自己的母语。菲茨杰拉德早年就读于剑桥大学最负盛名的三一学院，与《名利场》的作者萨克雷结下终生的友谊，毕业后过着乡绅生活，与丁尼生、卡莱尔等大文豪过从甚密，对自己的写作却缺乏信心。中年后他才开始学习波斯语并把兴趣转向东方，译《鲁拜集》时他采用不拘泥于原文的意译，常用自己的比喻来传达诗人思想的实质。

从第二年开始，英国的文学同行纷纷称赞这部译作。诗人兼批评家斯温伯格写道："菲茨杰拉德给了欧玛尔·海亚姆在英国最伟大诗人中间一席永久的地位。"诗人切斯特顿察觉到这本"无与伦比的"集子的浪漫主义和经典特色，"既有飘逸的旋律又有持久的铭刻"。更有甚者，有些批评家认为这个译本实际上是一些有着波斯形象的英国诗，这未免夸大其词。《大不列颠百科全书》在菲茨杰拉德的条目里冠之以"作家"而非"翻译家"的头衔。其实，菲茨杰拉德的所有文学创作表明，他作为一个作家十分平庸，不足以收入百科全书的条目。

1924年，郭沫若率先从英译本翻译出版了《鲁拜集》，依据的正是菲茨杰拉德的版本。从那以后，已有十多位中国诗人和学者乃至麻省理工学院的物理学家尝试从英文或波斯文翻译。郭沫若把海亚姆比作波斯的李白，这是由于他们两人都嗜酒如命。有意思的是，将近半个世纪以后，郭沫若又第一个考证出李白出生在中亚的碎叶（今吉尔吉斯斯坦伊塞克湖西岸的托克马克城附近），似乎有意要让李白与海亚姆成为乡邻。无论如何，郭沫若的《李白与杜甫》（1971）是"文革"期间中国知识分子可以阅读的少数几部诗学论著之一。这里随意录下海亚姆的一首吟酒之诗（《鲁拜集》第35首）：

> 我把唇俯向这可怜的陶樽，
> 想探寻我那命运的幽玄；
> 樽口对我低语道："生时饮吧！
> 一旦死去你将永无回程。"

古人云，仁者见仁，智者见智。阿根廷诗人博尔赫斯对《鲁拜集》的印象是，每每"以黎明、玫瑰、夜莺的形象开始，以夜晚和坟墓的形象结尾"。这是因为，海亚姆与博尔赫斯一样，也是一个耽于沉思的人。海亚姆苦于不能摆脱人间天上的究竟、生命之短促无常以及人与神的关系这些问题。他怀疑是否有来世和地狱天堂的存在，嘲笑宗教的自以为是和学者们的迂腐，叹息人的脆弱和社会环境的恶劣。既然得不到这些问题满意的回答，他便寄情于声色犬马的世俗享受。尽管如此，他仍不能回避那些难以捉摸的根本问题。

谈到"及时行乐"，原本它就是"欧洲文学最伟大的传统之一"（英国诗人 T. S. 艾略特语），这一主题的内涵并非只是一般意义下的消极处世态度，同时也是积极的人生哲理的探究。事实上，醇酒和美色在海亚姆的诗中出现的频率比起放浪不羁的李白还要高，而伊斯兰教是明令禁酒的，这大概是他的诗被同代学者斥为"色彩斑斓的吞噬教义的毒蛇"的原因之一。

在虔诚的伊斯兰信徒眼里，欧玛尔·海亚姆的诗都是些荒诞不经的呓语。迫于教会的压力，他在晚年长途跋涉，远行至伊斯兰教的圣地麦加朝圣。而他之所以逆水行舟，写作这些诗篇的目的无非想从无生命的物体中，探讨生命之谜和存在的价值（《鲁拜集》第29首）：

> 飘然入世，如水之潺潺，
> 不知何故来，来自何处？
> 飘然离去，如风之萧萧，
> 沿着戈壁，又吹向何方？

20 世纪初，14 岁的美国圣路易斯男孩艾略特偶然读到爱德华·菲茨杰拉德的英译本《鲁拜集》，立刻就被迷住了。这位 20 世纪难得一见的大诗人后来回忆说，当他进入这光辉灿烂的诗歌之中时，那情形"简直美极了"，自从读了这些充满"璀璨、甜蜜、痛苦色彩的"诗行，便明白了自己要成为一名诗人。同样值得一提的是，在金庸的一部名为《倚天屠龙记》的武侠小说里，女主人公小昭反复吟唱着这样一支小曲："来如流水兮逝如风，不知何处来兮何所终。"该曲原出海亚姆的《鲁拜集》，作者添加了两个"兮"字，便有了中国古诗的味道，而在这部中国小说的结尾，小昭被意味深长地发配去了波斯。

蔡天新

2006 年 12 月于杭州莲花街

2022 年 12 月修改

目　录

鲁拜集

[波斯] 欧玛尔·海亚姆　著

[英] 爱德华·菲茨杰拉德　英译

蔡天新　汉译

I

WAKE ! For the Sun, who scatter'd into flight

The Stars before him from the Field of Night,

    Drives Night along with them from Heav'n, and strikes

The Sultan's Turret with a Shaft of Light.

一

醒来，太阳驱散了群星，
黑夜在空中夺路而逃——
数不清的金灿灿的箭矢，
齐齐射向了苏丹的琼楼。

II

Before the phantom of False morning died,

Methought a Voice within the Tavern cried,

"When all the Temple is prepared within,

"Why nods the drowsy Worshiper outside?"

二

在早晨的幻影消逝之前，
客舍里似乎有人在喊叫——
"寺院内堂已清扫完毕，
为何朝拜人还在外头打盹？"

III

And, as the Cock crew, those who stood before
The Tavern shouted—"Open then the Door!
  "You know how little while we have to stay,
And, once departed, may return no more."

三

当雄鸡唱响，那些个人儿
站在客舍前面高声嚷嚷——
"快快开门！我们只停留片刻，
一旦离去，便永不复返了。"

告别・1930

IV

Now the New Year reviving old Desires,

The thoughtful Soul to Solitude retires,

    Where the WHITE HAND OF MOSES on the Bough

Puts out, and Jesus from the Ground suspires.

四

此刻新春复活了往日的希冀，
使得遐思的心灵孑然隐退，
那儿摩西的白手伸向了枝头，
耶稣从阴冷的心底发出叹息。

V

Iram indeed is gone with all his Rose,

And Jamshyd's Sev'n-ring'd Cup where no one knows;

But still a Ruby kindles in the Vine,

And many a Garden by the Water blows.

五

宜兰园已与蔷薇一同凋零，
杰姆西王的七指环去向不明；
唯有藤上的葡萄酷似红玛瑙，
任凭风吹动水边硕大的花园。

VI

And David's lips are lockt; but in divine

High-piping Pehlevi, with "Wine! Wine! Wine!

   "Red Wine!"—the Nightingale cries to the Rose

That sallow cheek of hers to' incarnadine.

六

大卫的歌喉被锁住了，可是
夜莺的天籁之声仍高唱道：
"酒！酒！酒！红葡萄酒！"
蔷薇花儿苍白的脸蛋绯红。

永不磨灭 · 1927

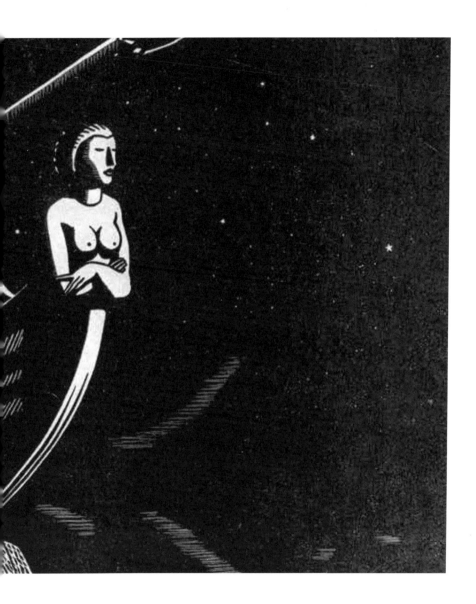

VII

Come, fill the Cup, and in the fire of Spring

Your Winter garment of Repentance fling:

    The Bird of Time has but a little way

To flutter—and the Bird is on the Wing.

七

请斟满这杯酒，在阳春里，
来吧，脱掉你忏悔的冬装；
时光的流逝犹如飞鸟——
前路无多，它已振翮高飞。

VIII

Whether at Naishapur or Babylon,

Whether the Cup with sweet or bitter run,

   The Wine of Life keeps oozing drop by drop,

The Leaves of Life keep falling one by one.

八

无论是内沙布尔还是巴比伦，
无论是一杯苦汁抑或芳醇，
生命如琼浆一滴一滴浸漏，
如绿叶一片一片坠落不止。

IX

Each Morn a thousand Roses brings, you say:
Yes, but where leaves the Rose of Yesterday?
    And this first Summer month that brings the Rose
Shall take Jamshyd and Kaikobad away.

九

你许诺朝朝会有千朵蔷薇，
可是，那些昨日的花朵呢？
花蕊绽放的那个初夏时节，
也带走了杰姆西和凯克巴王。

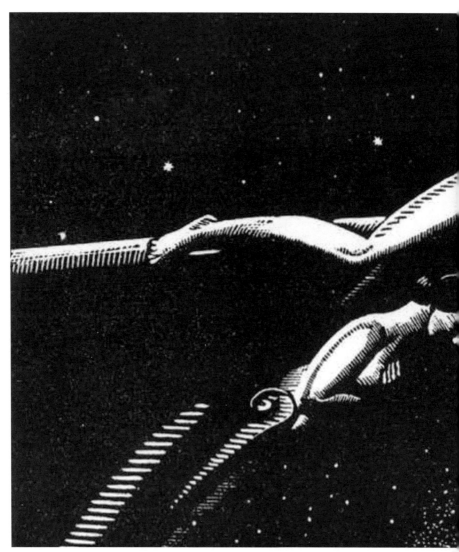

终极之上·1926

X

Well, let it take them! What have we to do
With Kaikobad the Great, or Kaikhosru?
   Let Zal and Rustum bluster as they will,
Or Hatim call to Supper—heed not you.

十

好吧，随他们去，与你何干？
管他凯克巴王，抑或凯克巴大帝！
查尔和鲁士图姆，让他们咆哮，
霍丁姆愿赴欢宴——悉听尊便。

XI

With me along the strip of Herbage strown

That just divides the desert from the sown,

    Where name of Slave and Sultan is forgot—

And Peace to Mahmud on his golden Throne!

十一

请随我来到狭长的牧草地带，
这儿一边是荒原，一边是耕地，
奴隶与苏丹的名分至此消亡——
愿穆罕默德安坐在他的金御垫！

XII

A Book of Verses underneath the Bough,

A Jug of Wine, a Loaf of Bread—and Thou

    Beside me singing in the Wilderness—

Oh, Wilderness were Paradise enow!

十二

树枝下面放置着一卷诗章，
一壶美酒，一片面包，还有你，
你在这荒原里为我歌唱——
哦，荒原此刻变成了天堂！

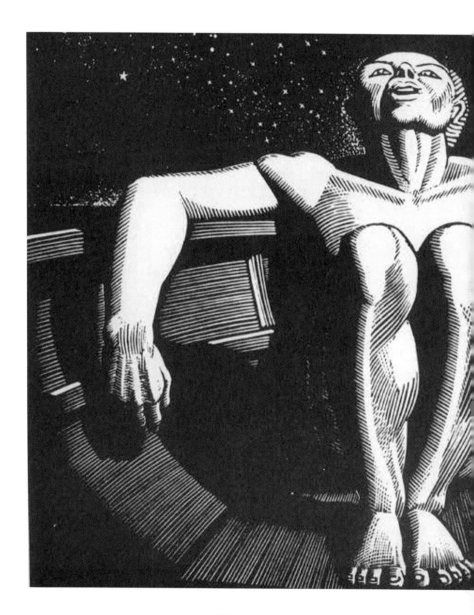

漂荡者 · 1932

XIII

Some for the Glories of This World; and some
Sigh for the Prophet's Paradise to come;
   Ah, take the Cash, and let the Credit go,
Nor heed the rumble of a distant Drum!

十三

有的是为了现世的荣光，
有的渴望那先知的天国；
啊，且珍惜今日，浮名何用？
别理会远方那轰隆的鼓音！

XIV

Look to the blowing Rose about us—"Lo,

Laughing,"she says, "into the world I blow,

    At once the silken tassel of my Purse

Tear, and its Treasure on the Garden throw."

十四

请看周遭绚烂的蔷薇——
她说："我来世间嫣然绽放，
一旦那锦囊的边沿裂开，
内中的珍宝便会遍撒花园。"

XV

And those who husbanded the Golden grain,

And those who flung it to the winds like Rain,

    Alike to no such aureate Earth are turn'd

As, buried once, Men want dug up again.

十五

有一些人惜谷如金，
另一些人挥金如雨。
谁死后也难变成金泥，
一旦入土，难以复出。

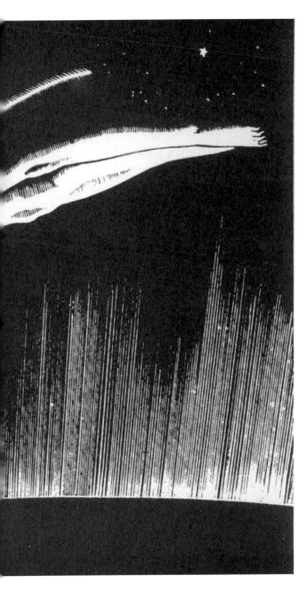

神速・1931

XVI

The Worldly Hope men set their Hearts upon
Turns Ashes—or it prospers; and anon,
　　Like Snow upon the Desert's dusty Face,
Lighting a little hour or two—is gone.

十六

你心系的现世希望晦暗
一朝繁荣，尔后又遭毁灭。
犹似沙漠表层的那堆白雪，
只留得一两个时辰的明辉。

XVII

Think, in this batter'd Caravanserai

Whose Portals are alternate Night and Day,

How Sultan after Sultan with his Pomp

Abode his destined Hour, and went his way.

十七

看吧，在这飘摇的人世间，
昼夜是交替而至的门廊。
多少苏丹与荣华富贵，
相安片刻，便匆匆离去。

XVIII

They say the Lion and the Lizard keep

The courts where Jamshyd gloried and drank deep:

And Bahram, that great Hunter—the Wild Ass

Stamps o'er his Head, but cannot break his Sleep.

十八

杰姆西王从前豪饮的宫殿，
已成为狮子和蜥蜴的地盘。
狩猎之王巴赫拉姆的墓地，
野驴也无法窥探他的美梦。

深水・1931

XIX

I sometimes think that never blows so red

The Rose as where some buried Caesar bled;

That every Hyacinth the Garden wears

Dropt in her Lap from some once lovely Head.

十九

帝王血染过的蔷薇花，
颜色出人意料的殷红；
花园里的一片片风信子，
落在从前美人的大腿上。

XX

And this reviving Herb whose tender Green

Fledges the River-Lip on which we lean—

    Ah, lean upon it lightly! for who knows

From what once lovely Lip it springs unseen!

二十

春风乍起，芳草又生，
我们枕着河边的一片新绿；
轻轻地切莫压伤了它们，
仿佛从前美人谢了的唇印。

XXI

Ah, my Beloved, fill the Cup that clears

TO-DAY of past Regrets and future Fears:

　To-morrow?—Why, To-morrow I may be

Myself with Yesterday's Sev'n Thousand Years.

二十一

啊，我的爱人，请注满此杯，
往昔的怨恨和未来的惆怅
均销于今日，明日，明日之我
恐又返回七千年前的昨日。

深水・1931

XXII

For some we loved, the loveliest and the best

That from his Vintage rolling Time hath prest,

    Have drunk their Cup a Round or two before,

And one by one crept silently to Rest.

二十二

那些风流人物，貌美又俊俏，

滚滚红尘把葡萄酿成了琼浆，

他们只饮得一杯，或是两杯，

随后便悄然步入长眠之地。

XXIII

And we, that now make merry in the Room
They left, and Summer dresses in new bloom,
    Ourselves must we beneath the Couch of Earth
Descend, ourselves to make a Couch—for whom?

二十三

芬芳的夏日，昔人已离去，
我们在此纵情地欢歌畅饮，
我们终将枕着泥土而长眠，
谁又会依偎着我们酣睡呢？

XXIV

Ah, make the most of what we yet may spend,

Before we too into the Dust descend;

Dust into Dust, and under Dust to lie,

Sans Wine, sans Song, sans Singer, and—sans End!

二十四

啊，趁着尚未变成尘土，
尽情地挥洒我们的人生吧；
尘土之下，复又尘土——
无酒、无诗、无歌，至于永远！

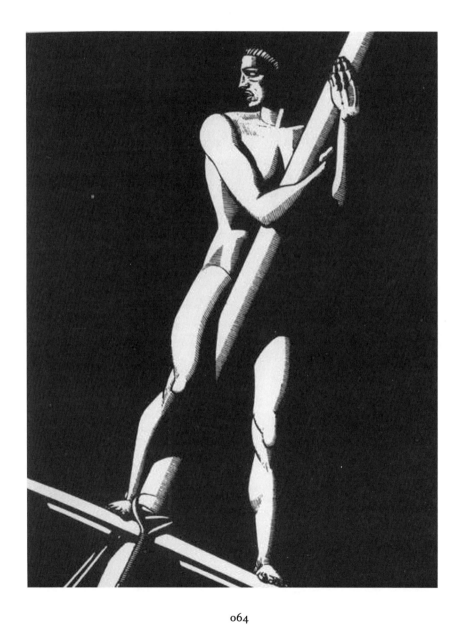

瞭望・1930

XXV

Alike for those who for TO-DAY prepare,

And those that after some TO-MORROW stare,

A Muezzin from the Tower of Darkness cries,

"Fools! your Reward is neither Here nor There."

二十五

有人为今生努力发奋，
也有人寄希望于来世，
从幽暗的塔楼，宣礼人喊道：
"别傻了，酬赏无关紧要。"

XXVI

Why, all the Saints and Sages who discuss'd
Of the Two Worlds so wisely—they are thrust
   Like foolish Prophets forth; their Words to Scorn
Are scatter'd, and their Mouths are stopt with Dust.

二十六

为何自古以来的圣哲们
都会说及现世和天堂——
一旦尘土封口，那轻蔑的恶语
就如同愚昧的预言家一般。

XXVII

Myself when young did eagerly frequent

Doctor and Saint, and heard great argument

    About it and about: but evermore

Came out by the same door where in I went.

二十七

我年轻的时候，曾急切地
遍访圣贤名儒，听到过各种
高谈玄论。我出来的时候，
穿过的是进入的同一扇门。

普罗米修斯·1931

XXVIII

With them the Seed of Wisdom did I sow,

And with mine own hand wrought to make it grow;

And this was all the Harvest that I reap'd—

"I came like Water, and like Wind I go."

二十八

我学会了播撒智慧的种子，
亲手培植它们茁壮成长。
而今我所收获的只是——
"来如流水，逝如风"。

XXIX

Into this Universe, and *Why* not knowing
Nor *Whence*, like Water willy-nilly flowing;
    And out of it, as Wind along the Waste,
I know not *Whither*, willy-nilly blowing.

二十九

飘然入世，如水之潺潺，
不知何故来，来自何处？
飘然离去，如风之萧萧，
沿着戈壁，又吹向何方？

XXX

What, without asking, hither hurried *Whence*?
And, without asking, *Whither* hurried hence!
 Oh, many a Cup of this forbidden Wine
Must drown the memory of that insolence!

三十

请君莫问我从何处来！
请君莫问我往何处去！
哦，被禁的酒千万杯，
可以除却不快的记忆。

天使·1926

XXXI

Up from Earth's Center through the Seventh Gate

I rose, and on the Throne of Saturn sate,

    And many a Knot unravel'd by the Road;

But not the Master-knot of Human Fate.

三十一

从地心上升至第七天门，
我高高端坐在土星座上，
沿途解开了无数的哑谜；
可是，仍猜不透人生之惑。

XXXII

There was the Door to which I found no Key;

There was the Veil through which I might not see:

Some little talk awhile of ME and THEE

There was—and then no more of THEE and ME.

三十二

这扇门我没有找到钥匙；
这块帷幕挡住了我的视线：
偶尔听到有人谈论你和我
——倏忽之间不复闻矣。

XXXIII

Earth could not answer; nor the Seas that mourn
In flowing Purple, of their Lord forlorn;
　　Nor rolling Heaven, with all his Signs reveal'd
And hidden by the sleeve of Night and Morn.

三十三

大地寂然无声，披紫衣的大海
也只是在哀悼那弃绝的主儿；
翻滚的天穹，连同十二宫星辰
默默藏匿在晨夕的衣袖内。

跳水 · 1931

XXXIV

Then of the THEE IN ME who works behind

The Veil, I lifted up my hands to find

   A lamp amid the Darkness; and I heard,

As from Without—"THE ME WITHIN THEE BLIND!"

三十四

尔后去叩问那帷幕后我中之你，
举双手寻觅那盏照我暗途之灯；
从虚无中我听见有人说——
"你内心的那个我是盲目的！"

XXXV

Then to the Lip of this poor earthen Urn
I lean'd, the Secret of my Life to learn:
    And Lip to Lip it murmur'd—"While you live,
"Drink!—for, once dead, you never shall return."

三十五

我把唇俯向这可怜的陶樽，
想探寻我那命运的幽玄；
樽口对我低语道："生时饮吧！
一旦死去你将永无回程。"

XXXVI

I think the Vessel, that with fugitive

Articulation answer'd, once did live,

   And drink; and Ah! The passive Lip I kiss'd,

How many Kisses might it take—and give!

三十六

喃喃细语的这只土杯，
曾经被人使用，曾经痛饮，
啊！而今我亲吻它的唇边，
不知它曾经授受了多少次！

倚桅杆的人 · 1929

XXXVII

For I remember stopping by the way

To watch a Potter thumping his wet Clay:

   And with its all-obliterated Tongue

It murmur'd– "Gently, Brother, gently, pray!"

三十七

记得那一次我在旅途中，
看见一位陶工捣着湿土；
土中发出一种嘶哑的声音——
"请轻点，兄弟，温柔一点！"

XXXVIII

And has not such a Story from of Old
Down Man's successive generations roll'd
   Of such a clod of saturated Earth
Cast by the Maker into Human mold?

三十八

听闻人是由泥土变成的，
一代又一代，代代相传；
湿润的泥块是造化之物，
它通过模子浇铸人类吗？

XXXIX

And not a drop that from our Cups we throw

For Earth to drink of, but may steal below

    To quench the fire of Anguish in some Eye

There hidden—far beneath, and long ago.

三十九

从杯中洒落的这一滴祭酒，
还会潜入地下深处，那里
有死者久久难瞑的双目，
灼灼之火或许可得以浇灭。

桅顶·1926

XL

As then the Tulip for her morning sup

Of Heav'nly Vintage from the soil looks up,

    Do you devoutly do the like, till Heav'n

To Earth invert you—like an empty Cup.

四十

早晨郁金香从土中仰望，
领受了那天赐的佳酿；
你是否也愿意举杯痛饮，
一醉方休——犹如空杯。

XLI

Perplext no more with Human or Divine,
To-morrow's tangle to the winds resign,
    And lose your fingers in the tresses of
The Cypress-slender Minister of Wine.

四十一

莫为人神的问题困惑了，
明日的忧愁付与东风，
酒君的头发细如松丝，
请用你的手指来为他梳理。

XLII

And if the Wine you drink, the Lip you press,

End in what All begins and ends in—Yes;

   Think then you are TO-DAY what YESTERDAY

You were—TO-MORROW you shall not be less.

四十二

假如你的美酒压在唇上，
于闭合之处开启，循环往复；
是的，倘若把今日看作昨日，
而明日——也还会是今日。

112

守夜·1929

XLIII

So when that Angel of the darker Drink

At last shall find you by the river-brink,

    And, offering his Cup, invite your Soul

Forth to your Lips to quaff—you shall not shrink.

四十三

当黑暗中那位酒的天使
与你邂逅在了河堤上，
举杯邀你的魂魄共饮，
你的唇发抖，但无须退缩。

XLIV

Why, if the Soul can fling the Dust aside,

And naked on the Air of Heaven ride,

    Were't not a Shame—were't not a Shame for him

In this clay carcass crippled to abide?

四十四

当你的灵魂弃绝于尘土，

赤裸地骑行在天国中，

在这泥骸里跛脚而行，

你难道一点都不感到羞愧？

XLV

'Tis but a Tent where takes his one day's rest
A Sultan to the realm of Death addrest;
   The Sultan rises, and the dark Ferrash
Strikes, and prepares it for another Guest.

四十五

苏丹去死神的领地休憩，
只在帐篷里逗留了一日；
当他起身，肤色黝黑的侍者
便把帐篷卷起，留作后用。

情人・1928

XLVI

And fear not lest Existence closing your

Account, and mine, should know the like no more;

    The Eternal Saki from that Bowl has pour'd

Millions of Bubbles like us, and will pour.

四十六

莫要担忧造物主会注销户籍，
你的，我的，或其他任何人的；
我们不过是酒樽中的小泡沫，
啊，永恒的酒神将其斟了又斟。

XLVII

When You and I behind the Veil are past,

Oh, but the long, long while the World shall last,

    Which of our Coming and Departure heeds

As the Sea's self should heed a pebble-cast.

四十七

纵然我们通过了帷幕之后，
世间的存在仍将会延绵无尽，
你我的到来或离去，不过是
大海里抛下一颗小小的卵石。

XLVIII

A Moment's Halt—a momentary taste
Of BEING from the Well amid the Waste—
    And Lo!—the phantom Caravan has reach'd
The NOTHING it set out from—Oh, make haste!

四十八

匆匆的羁留——匆匆的啜饮，
啜饮这荒漠中的泉水——
哦，瞧！幻影的商队抵达了，
才从无边来，又要往无际去。

多事之秋・1937

XLIX

Would you that spangle of Existence spend

About THE SECRET—quick about it, Friend!

   A Hair perhaps divides the False from True—

And upon what, prithee, may life depend?

四十九

假如你是想要探寻存在之谜，
我的朋友，快请去吧——
真伪之别或许只在毫厘之间，
试问，人生的意义又何在呢？

L

A Hair perhaps divides the False and True;

Yes; and a single Alif were the clue—

　　Could you but find it—to the Treasure-house,

And peradventure to THE MASTER too;

五十

真伪之别或许只在毫厘之间；
仅有一个阿里夫可作线索，
——假如你能找寻得到——
会把你引向宝藏，甚或真主。

LI

Whose secret Presence through Creation's veins

Running Quicksilver-like eludes your pains;

  Taking all shapes from Mah to Mahi; and

They change and perish all—but He remains;

五十一

秘密之物，穿越了天地的血脉，
如同流动的水银，除却疼痛；
从鱼儿到月儿，所有的形状
且变且毁灭——而你依然如故。

在峭壁上·1927

LII

A moment guess'd—then back behind the Fold
Immerst of Darkness round the Drama roll'd
   Which, for the Pastime of Eternity,
He doth Himself contrive, enact, behold.

五十二

瞬间的臆想，旋即藏于褶皱，
舞台的四周浸没在黑暗中；
这便是永恒的自我消遣了，
他在那里装扮、表演、观赏。

LIII

But if in vain, down on the stubborn floor

Of Earth, and up to Heav'n's unopening Door,

    You gaze TO-DAY, while You are You—how then

TO-MORROW, when You shall be You no more?

五十三

假如你探寻不到，沿着执拗的
大地，仰望永不开启的天空，
你凝视着今日，今日你还是你，
而明日你不再是你，又该如何？

LIV

Waste not your Hour, nor in the vain pursuit

Of This and That endeavor and dispute;

   Better be jocund with the fruitful Grape

Than sadden after none, or bitter, Fruit.

五十四

切莫虚度你的年华，也莫
徒劳地沉溺于彼此论争；
与其坐等倏然而至的苦果，
不如品尝那多汁的葡萄。

人类的曙光·1926

LV

You know, my Friends, with what a brave Carouse
I made a Second Marriage in my house;
   Divorced old barren Reason from my Bed,
And took the Daughter of the Vine to Spouse.

五十五

朋友哦，你可知道我的家中
刚举办了一场盛大的喜宴；
我休了无育的"理智"之妻，
娶了"葡萄的女儿"为续弦。

LVI

For "Is" and "Is-not" though with Rule and Line

And "UP-AND-DOWN" by Logic I define,

    Of all that one should care to fathom, I

was never deep in anything but—Wine.

五十六

"是"与"非"可以几何证之，
"上与下"可由逻辑推理得出；
但在所有能够领会的事物中，
唯有那葡萄美酒深不可测。

LVII

Ah, by my Computations, People say,

Reduce the Year to better reckoning?—Nay,

   'Twas only striking from the Calendar

Unborn To-morrow and dead Yesterday.

五十七

啊，人们说我的推算高明，
纠正了时间，把年份算准，
可谁知道，那只是从旧历中消去
未卜的明天和已逝的昨日。

星光・1930

LVIII

And lately, by the Tavern Door agape,

Came shining through the Dusk an Angel Shape

Bearing a Vessel on his Shoulder; and

He bid me taste of it; and 'twas—the Grape!

五十八

不久以前，酒店的大门敞开着，
黄昏时来了一位迷人的天使；
他的肩头扛着一樽土罐，请我
品尝，原来却是葡萄的琼浆！

LIX

The Grape that can with Logic absolute

The Two-and-Seventy jarring Sects confute:

    The sovereign Alchemist that in a trice

Life's leaden metal into Gold transmute;

五十九

葡萄酒呀，他以一千个理由，
道破七十二宗教派的迷案；
他是无与伦比的炼金术士，
瞬间能够将生命之铅化金。

LX

The mighty Mahmud, Allah-breathing Lord,

That all the misbelieving and black Horde

    Of Fears and Sorrows that infest the Soul

Scatters before him with his whirlwind Sword.

六十

穆罕默德，现世的我主阿拉，
他能扫荡妖魔鬼怪和黑帮；
那侵入灵魂的恐惧和悲鸣，
被他用旋风似的利剑驱散。

火焰·1928

LXI

Why, be this Juice the growth of God, who dare
Blaspheme the twisted tendril as a Snare?
    A Blessing, we should use it, should we not?
And if a Curse—why, then, Who set it there?

六十一

啊，倘若琼浆也是上苍所为，
谁敢把卷曲的须发咒成陷阱？
天赐的福佑，我们是否受之无愧？
若是祸害，试问谁又为之揽责？

LXII

I must abjure the Balm of Life, I must,

Scared by some After-reckoning ta'en on trust,

   Or lured with Hope of some Diviner Drink,

To fill the Cup—when crumbled into Dust!

六十二

我必须舍弃今生的芳香，
这样才能为来世的美艳惊叹，
或者被占卜者的佳酿所诱惑，
注满杯盏——当我们化为尘土！

LXIII

Oh threats of Hell and Hopes of Paradise!
One thing at least is certain—*This* Life flies;
　　One thing is certain and the rest is Lies;
The Flower that once has blown for ever dies.

六十三

地狱之泯灭，天堂之希冀！
一事千真万确——生命在飞逝；
只有此事为真，余者皆虚妄；
花朵开过以后便永远凋谢。

海和天空·1931

LXIV

Strange, is it not? that of the myriads who
Before us pass'd the door of Darkness through,
    Not one returns to tell us of the Road,
Which to discover we must travel too.

六十四

好奇怪，千万个芸芸众生
在我们之前穿越了黑暗之门，
竟无一人返回，告诉我们
他们走过的路上风景如何。

LXV

The Revelations of Devout and Learn'd
Who rose before us, and as Prophets burn'd,
  Are all but Stories, which, awoke from Sleep
They told their comrades, and to Sleep return'd.

六十五

而博学的先知的启示

　　　　现，如痴人说梦，

　　中醒来，告诉了

　　复又回归到梦中。

LXVI

I sent my Soul through the Invisible,

Some letter of that After-life to spell:

   And by and by my Soul return'd to me,

And answer'd "I Myself am Heav'n and Hell:"

六十六

我的灵魂穿越不可知的世界，
去辨认身后的某一个字母。
稍后，我的灵魂回到了我身边：
"我本人既是天堂，也是地狱。"

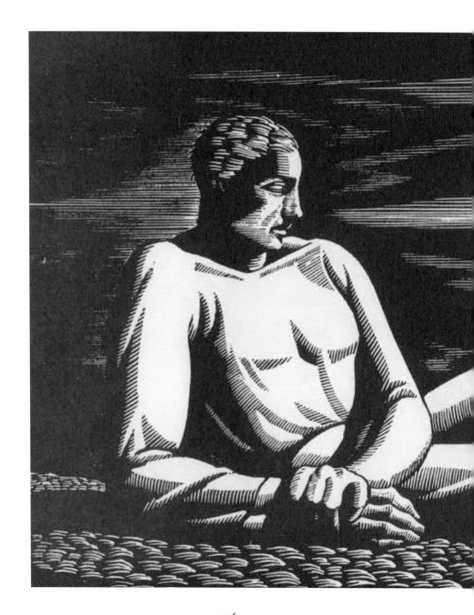

晨曦在望・1932

LXVII

Heav'n but the Vision of fulfill'd Desire,

And Hell the Shadow from a Soul on fire,

    Cast on the Darkness into which Ourselves,

So late emerged from, shall so soon expire.

六十七

天堂是知足常乐者的愿景，
地狱是天使之心的幻影，
将我们自己投身于黑暗中，
显现得越迟，消失得越快。

LXVIII

We are no other than a moving row

Of Magic Shadow-shapes that come and go

   Round with the Sun-illumined Lantern held

In Midnight by the Master of the Show;

六十八

我们不过是幻象的影子，
绕着马灯儿左右晃动，
在这夜阑人静的时分，
它被一双神奇的手举着。

LXIX

But helpless Pieces of the Game He plays
Upon this Chequer-board of Nights and Days;
   Hither and thither moves, and checks, and slays,
And one by one back in the Closet lays.

六十九

人生不过是一副无望的棋局，
白昼与黑夜是对弈双方；
任它来回走动，擒拿或杀戮，
弈罢又全部收归匣子里。

沐浴者・1931

LXX

The Ball no question makes of Ayes and Noes,

But Here or There as strikes the Player goes;

   And He that toss'd you down into the Field,

He knows about it all—HE knows—HE knows!

七十

这球无疑只好听天由命了，
任凭踢球者随意开大脚；
是他把你扔到这世上来，
也唯有他知道事物的原委！

LXXI

The Moving Finger writes; and, having writ,

Moves on: nor all your Piety nor Wit

   Shall lure it back to cancel half a Line,

Nor all your Tears wash out a Word of it.

七十一

那移动的手臂弹指间已完成，
继续吟哦，并非用虔诚或智慧，
去引诱返回删除那半行诗句，
谁的眼泪都无法将单词清洗。

LXXII

And that inverted Bowl they call the Sky,

Whereunder crawling coop'd we live and die,

    Lift not your hands to It for help—for It

As impotently moves as you or I.

七十二

都说天穹是只倒扣的碗盘，
我们匍匐在地上生或者死，
请别举手祈求他的怜悯——
因为他如你我亦无能为力。

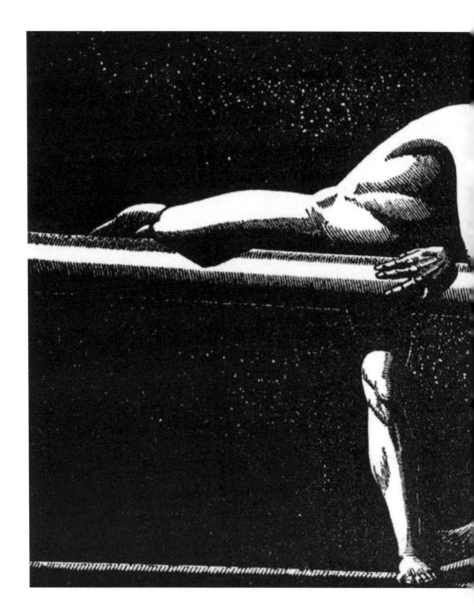

在斜桅杆上·1930

LXXIII

With Earth's first Clay They did the Last Man knead,

And there of the Last Harvest sow'd the Seed:

And the first Morning of Creation wrote

What the Last Dawn of Reckoning shall read.

七十三

最初的泥丸揉成最终的人形，
最后的收成源自最初的种子：
只要是开天辟地的好文章，
终究会被吟诵到天老地荒。

LXXIV

YESTERDAY *This* Day's Madness did prepare;

TO-MORROW's Silence, Triumph, or Despair:

    Drink! for you know not whence you came, nor why:

Drink! for you know not why you go, nor where.

七十四

昨日已预想到今日的疯狂，
明日的缄默、得意或失落：
且饮！因你不知何处来，何故来；
且饮！因你不知何故往，何处往。

LXXV

I tell you this—When, started from the Goal,

Over the flaming shoulders of the Foal

    Of Heav'n Parwin and Mushtari they flung,

In my predestined Plot of Dust and Soul.

七十五

我告诉你们——自从出世以来，
金牛和木星飞越炽热的太阳，
在我注定的尘土和灵魂的地盘，
以其智识确定命运之吉与凶。

终点·1927

LXXVI

The Vine had struck a fiber: which about

If clings my Being—let the Dervish flout;

 Of my Base metal may be filed a Key,

That shall unlock the Door he howls without.

七十六

当葡萄藤在那生根，缠绕着
我的身体——让苦行僧嘲笑吧；
由我的贱金属锉成了一把钥匙，
打开一扇门，他在那不停地嚎叫。

LXXVII

And this I know: whether the one True Light

Kindle to Love, or Wrath consume me quite,

    One Flash of It within the Tavern caught

Better than in the Temple lost outright.

七十七

我知道：无论那支点燃爱欲的
烛光，还是吞噬我的愤怒之火，
如若能在酒馆里逮住一丝微亮，
都远胜于在寺院里清心寡欲。

LXXVIII

What! out of senseless Nothing to provoke

A conscious Something to resent the yoke

    Of unpermitted Pleasure, under pain

Of Everlasting Penalties, if broke!

七十八

好嘛！从毫无意义的"无"，
激发出有知觉的"某物"，
憎恨这禁止了欢乐的枷锁，
若是破戒，会有永久的惩罚。

208

航海・1924

LXXIX

What! from his helpless Creature be repaid

Pure Gold for what he lent him dross-allay'd—

    Sue for a Debt he never did contract,

And cannot answer—Oh the sorry trade!

七十九

好嘛！造物主借废铁于人
却要他以纯金偿还——
这是何时签下来的合同？
恕我无语，交易何其不公！

LXXX

Oh Thou, who didst with pitfall and with gin
Beset the Road I was to wander in,
  Thou wilt not with Predestined Evil round
Enmesh, and then impute my Fall to Sin!

八十

这是你干的好事，用陷阱
阻断了我要经过的道路，
你不会宣扬自己的邪恶，
待我摔倒，却加我以罪名！

LXXXI

Oh Thou, who Man of baser Earth didst make,

And ev'n with Paradise devise the Snake:

   For all the Sin wherewith the Face of Man

Is blacken'd—Man's forgiveness give—and take!

八十一

那是你干的好事，用劣土造人
甚至在乐园里面安放毒蛇：
因为罪过，面容被丑化了，
人类被宽恕——给予和索取！

回港・1931

LXXXII

As under cover of departing Day

Slunk hunger-stricken Ramazan away,

    Once more within the Potter's house alone

I stood, surrounded by the Shapes of Clay.

八十二

借着启程的日子的掩护，
饥肠辘辘的斋月消遁了，
我又独立在制陶师屋里，
四周被一块块黏土环绕。

LXXXIII

Shapes of all Sorts and Sizes, great and small,

That stood along the floor and by the wall;

    And some loquacious Vessels were; and some

Listen'd perhaps, but never talk'd at all.

八十三

种类繁多的容器，大小不一，
屹立在地面，或靠近墙壁；
它们有的喋喋不休，有的
像是在倾听，却总不发一言。

LXXXIV

Said one among them—"Surely not in vain

My substance of the common Earth was ta'en

   And to this Figure molded, to be broke,

Or trampled back to shapeless Earth again."

八十四

一个说道："真的并非徒劳！
我的躯体是由泥土塑成的，
制成人的模样，然后被毁灭，
践踏成为泥土，复归原形。"

划桨的人·1931

LXXXV

Then said a Second—"Ne'er a peevish Boy

Would break the Bowl from which he drank in joy;

  And He that with his hand the Vessel made

Will surely not in after Wrath destroy."

八十五

另一个说道："坏脾气的小孩
不会摔破曾经欢饮过的器皿；
他用双手亲自制作了我们，
即便日后他发怒也会无损。"

LXXXVI

After a momentary silence spake

Some Vessel of a more ungainly Make;

   "They sneer at me for leaning all awry:

What! Did the Hand then of the Potter shake?"

八十六

沉默了片刻之后，轮到
几个样貌丑陋的发言：
"世人都嘲笑我是歪嘴猴子，
哼，还不是陶工手儿抖了？"

LXXXVII

Whereat some one of the loquacious Lot—

I think a Sufi pipkin—waxing hot—

   "All this of Pot and Potter—Tell me then,

Who is the Potter, pray, and who the Pot?"

八十七

随后有一块雄辩的小水壶，

怕是"苏菲"之流——厉声喝道：

"陶器和陶师，我且问你们，

究竟谁是陶师，谁是陶器？"

读·1933

LXXXVIII

"Why," said another, "Some there are who tell

Of one who threatens he will toss to Hell

   The luckless Pots he marr'd in making—Pish!

He's a Good Fellow, and 'twill all be well."

八十八

"咋啦,"又有一个道,"再有人
胡说八道,我主会让你下地狱的。
他边做边打破,不幸的土瓶——嘘!
他是个好人,一切都会好起来的。"

LXXXIX

"Well," murmured one, "Let whoso make or buy,

My Clay with long Oblivion is gone dry:

    But fill me with the old familiar Juice,

Methinks I might recover by and by."

八十九

一个喃喃细语："无论谁做谁买，
我的土质湮没许久后会变干燥：
我只求斟满一杯亲爱的琼浆，
我相信那样就会渐渐活转过来。"

XC

So while the Vessels one by one were speaking,

The little Moon look'd in that all were seeking:

And then they jogg'd each other, "Brother! Brother!

Now for the Porter's shoulder-knot a-creaking!"

九十

正当土瓶们挨个儿相互交谈，
新月照进，他们寻找着什么，
彼此轻轻拍打："兄弟！兄弟！
现在轮到陶工的肩饰作响了。"

悬崖边的少女·1930

XCI

Ah, with the Grape my fading Life provide,

And wash the Body whence the Life has died,

And lay me, shrouded in the living Leaf,

By some not unfrequented Garden-side.

九十一

啊，请为凋谢的生命备好琼浆，
我死以后用它洗涤我的身体，
尔后葬我，在绿叶覆盖之下，
间或有游人来访的花园边旁。

XCII

That ev'n buried Ashes such a snare

Of Vintage shall fling up into the Air

    As not a True-believer passing by

But shall be overtaken unaware.

九十二

便是我的骨灰中也可生出葡萄，
从地下向上延伸到空气中，
等到一个有信仰的人路过，
会在不知觉情况下被我缠绕。

XCIII

Indeed the Idols I have loved so long

Have done my credit in this World much wrong:

   Have drown'd my Glory in a shallow Cup,

And sold my reputation for a Song.

九十三

善哉，我一直膜拜的偶像们
将我在这世上的信誉毁了：
将我的荣耀溺死在浅杯之中，
将我的名声换了一首小曲。

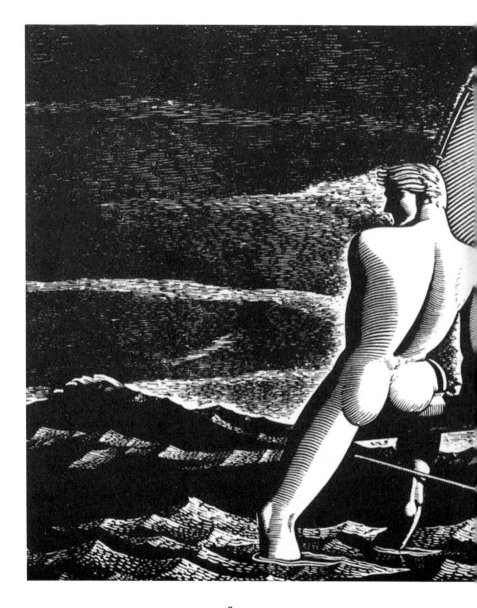

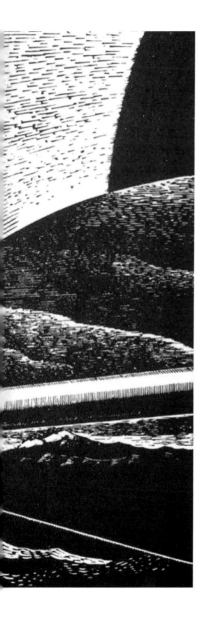

一路顺风·1931

XCIV

Indeed, indeed, Repentance oft before

I swore—but was I sober when I swore?

   And then and then came Spring, and Rose-in-hand

My thread-bare Penitence apieces tore.

九十四

善哉，善哉，我的悔心常在，
我发誓的时候可是清醒着的？
春天复又到来，蔷薇在手，
我赤裸的忏悔被撕成碎片。

XCV

And much as Wine has play'd the Infidel,

And robb'd me of my Robe of Honor—Well,

 I wonder often what the Vintners buy

One half so precious as the stuff they sell.

九十五

酒犹如十足的异教徒，
将我"荣耀的长袍"剥去——
亦罢，令我不解的是酒家
缘何将酒折价如遗弃之物。

XCVI

Yet Ah, that Spring should vanish with the Rose!

That Youth's sweet-scented manuscript should close!

   The Nightingale that in the branches sang,

Ah whence, and whither flown again, who knows!

九十六

唉，春天终将与蔷薇一同消逝！
芳香的青年时代也会有终篇！
夜莺在枝头歌唱，可有谁知
它来自何方，又将去往何处？

悲伤・1931

XCVII

Would but the Desert of the Fountain yield

One glimpse—if dimly, yet indeed, reveal'd,

   To which the fainting Traveler might spring,

As springs the trampled herbage of the field!

九十七

但愿，那泉水流过的荒漠
能显露给我们，即便模糊；
体弱的行人会跳跃着去到泉边，
春天是田野里被践踏的牧草。

XCVIII

Would but some winged Angel ere too late

Arrest the yet unfolded Roll of Fate,

And make the stern Recorder otherwise

Enregister, or quite obliterate!

九十八

但愿天使插翅飞翔，早日来临，
阻止这未完成的"命运的书卷"，
让严肃的"书写人"另起一段，
或者，全部推倒重来！

XCIX

Ah Love! could you and I with Him conspire

To grasp this sorry Scheme of Things entire,

   Would not we shatter it to bits—and then

Re-mold it nearer to the Heart's Desire!

九十九

我的爱人哦，你我能否与他串通
来实现这一看似不幸的整个计谋，
只怕我们没能将其捣成碎片——
然后按照接近内心的愿望重塑！

C

Yon rising Moon that looks for us again—

How oft hereafter will she wax and wane;

How oft hereafter rising look for us

Through this same Garden—and for *one* in vain!

一百

那儿初升的月儿又来寻人了——
多少回等来她的阴晴圆缺；
许久以后她来这座花园时——
我们之中怕是有人她难以寻到！

CI

And when like her, oh Saki, you shall pass

Among the Guests Star-scatter'd on the Grass,

   And in your joyous errand reach the spot

Whcre I made One—turn down an empty Glass!

一百零一

啊，酒神哟，当你像月儿
穿梭于聚集在草丛里的客人，
怀着愉悦的心情来到我这里
——请你为我祭洒一杯吧！

267

译后记，兼谈画家肯特

一

因为数学和诗歌的双重缘故，多年以前就有友人建议我翻译《鲁拜集》，尤其是 2005 年夏天我趁访学伊朗国家数学研究所之际，在伊朗旅行了一周，先后造访了首都德黑兰、诗人与玫瑰花的城市设拉子以及欧玛尔·海亚姆度过学术生涯黄金时期的故都伊斯法罕等名城。遗憾的是，我一直没有静下心来腾出足够多的时间，这次趁着新冠疫情的泛滥和旅行的中止，利用两个寒假的时间译成了 101 首四行诗。

爱德华·菲茨杰拉德翻译的《鲁拜集》完成于 1857 年，迄今已有 165 年了。据译者介绍，欧玛尔·海亚姆的波斯语诗集有四五种存世，少的有 158 首，多的有 516 首。菲茨杰拉德是首位英文译者，当时他只译出 75 首，可谓是一本小册子，1859 年由位于伦敦泰晤士河北岸的商业中心莱斯特广场的夸瑞奇书店（Bernard Quaritch Ltd）出版，书名全称为《波斯天文学家诗人欧玛尔·海亚姆的鲁拜集》，可是不久就被人遗忘了，甚至降价到 1 便士也少有人问津。

说到夸瑞奇书店（2005年被新加坡人许忠如先生收购后易名奎文斋并迁至布卢姆斯伯里），它是1847年由德裔英国书商、收藏家、出版家伯纳德·夸瑞奇（1819—1899）创办的，书店的客户包括艺术批评家约翰·拉斯金、设计师威廉·莫里斯、物理学家迈克尔·法拉第，还有各自四次和两次出任首相的威廉·格莱斯顿和本杰明·迪斯雷利这对政治对手，他们的另一个身份分别是经济学家和小说家。1884年，夸瑞奇书店出版了著名汉学家翟理斯（Herbert Giles）的《古文选珍》，首次向英语读者系统地介绍中国古代文学。

1860年，画家兼诗人但丁·加布里埃尔·罗塞蒂（1828—1882）路过夸瑞奇书店，从书架上发现了《鲁拜集》的美妙，随后他与另一位诗人兼批评家阿尔杰农·斯温伯恩（1837—1909）予以赞扬推介。1868年，菲茨杰拉德出版了第二版《鲁拜集》，译诗增加到110首。之后，1872年、1879年和1889年又出了第三、第四和第五版，诗歌数量均为101首，其中第五版问世时菲茨杰拉德已过世。各版所译的诗歌和顺序不尽相同，但差异并不明显。

1923年，郭沫若正是以菲茨杰拉德英译的第四版《鲁拜集》为蓝本，翻译完成了《鲁拜集》，并于当年交由上海泰东书局出版，之后此书也曾多次再版。当时，郭沫若刚出版浪漫主义的奠基之作《女神》，译成德国诗人歌德的小说《少年维特之烦恼》，意气风发，颇为自得。值得一提的是，"鲁拜"一词是郭沫若的创造，虽然从古典韵味来说，"柔巴依"似乎更符合人们的想象。

如今，整整一个世纪过去了，现代汉语尤其是现代汉诗发生了深刻的变化，从当年刚刚开始的白话文运动进入成熟洗练的阶段，且随着对欧玛尔·海亚姆的科学成就的进一步了解，他作为数学家和天文学家天生的理性思维也渐渐在他的诗行中显露出来（这一点丝毫没有减少他的诗歌艺术的魅力）。因此，我认为有必要重新翻译《鲁拜集》。于是，才有了今天这个新译本。

二

当我完成《鲁拜集》的翻译后，与浙江大学出版社签订了合约，准备寻找适宜的插图时，却发现不同版本的插图千姿百态，据说仅英文版就有 140 多位画家为它画过插图。而我看过的中文版插图也各式各样，有的采用波斯细密画，有的采用法国画家的插画作品。有趣的是，无论哪个版本，译者和编者都认为他们选择的插图是最适合《鲁拜集》的诗情画意的，但却没有陈述任何理由。

就在我犹豫不决之际，我向老朋友、画家兼《唯美》杂志主编冷冰川兄请教，他的黑白艺术曾多次出现在我编选的诗集中，如三联书店的《现代诗 110 首》（蓝、红卷）和《现代汉诗 110 首》，人民文学出版社的《冥想之诗》和《漫游之诗》，商务印书馆的《地铁之诗》和《高铁之诗》。冰川兄知道欧玛尔·海亚姆，在进一步了解了他的诗歌品质和人物个性之后，向我推荐了美国画家肯特，他和出版家汪家明先生前不久刚编辑出版了肯特的作品集。

洛克威尔·肯特（1882—1971）出生在纽约哈德逊河下游的塔里

敦，祖先是英国人。他曾在哥伦比亚大学学习建筑，后改学绘画。他是版画家、油画家、插图师和作家，也属于喜欢创造奇迹的那一类美国人，骨子里是探险家、航海家。肯特年轻时离开故乡小城，住到一座小渔村里；1918年夏天，肯特带着9岁的儿子，去阿拉斯加的复活节岛，自筑木屋住了好几个月，并在那里创作了许多"人类未曾触动过的峰峦、大海和山谷"。

1927年，45岁的肯特创作了《永不磨灭》，开始认识到自己的版画使命。一艘搁浅在礁石间的木船，镂空的船体，桅杆已经折断，站在船头的女神安然无恙，内心却在期待着什么，犹如电影《泰坦尼克号》里的女主角。整幅画的背景是黑色的夜空，繁星闪烁。简洁有序的线条，有一种装饰之美。这是神来之笔，似乎没有主题，却寓意无穷。画中有一种莫名其妙的宇宙浩渺感，这成为肯特作品中最迷人的部分。

以后的几年里，肯特的灵感爆发，他的女神时而忧郁，时而思索，时而飞翔。画中的人物渐渐脱离社会性，连性别也不是很明显，但一律是裸露而性感的，健壮而深沉的，优美而舒展的。1929年，肯特又与两位朋友驾小舟去格陵兰岛，历经艰难险阻，却在靠岸时遭遇风暴，小舟侧翻，朋友遇难，他挣扎着游上岸，连爬带走数日，才遇到因纽特人而得救。肯特一生都喜欢冒险，这也带给他无穷的灵感。

在肯特出生和生活的哈德逊河沿岸（他的去世地普拉茨堡位于美国第六大湖尚普兰湖滨，该湖与哈德逊河上游有运河相通），19世纪曾诞生著名的"哈德逊河画派"。哈德逊河长五百多公里，大体自北向南穿越纽约州，在曼哈顿岛和新泽西之间注入大西洋。画家们面对两岸自然荒野的风光尽情描绘，形成了美国本土最早的画派，但肯特出生时，人们已对欧洲绘画重新发生兴趣，民族绘画风格的进一步发展受到阻碍。肯特开始画画或许受哈德逊画派影响，但他另辟蹊径，走出了自己的道路。

三

1927年，刚刚成立的纽约兰登书屋（Random House, Inc.）独立出版了第一本书，即法国作家、思想家伏尔泰66岁创作的中篇哲理小说《老实人》（1759），故事讲述了一个乐观主义者历经生活的磨难，逐渐认识到社会现实的残酷和冷漠。出版社老板塞尔夫邀请肯特画了76幅钢笔插画，并装饰了扉页、封底和各章题头。这部小说的场景不断迁移，几乎涉及西欧每个国家，还有威尼斯、君士坦丁堡和大西洋，甚至南美洲的巴拉圭和苏里南，犹如一个多世纪以后法国科幻作家凡尔纳的小说。

虽然这本书定价较高，却很畅销。塞尔夫认为，这是肯特插画的功劳。起步不久的兰登书屋把出版方向定位在那些已进入公共出版区域的经典名著（这样的定位即便如今仍在各国出版界屡试不爽），三年以后，塞尔夫邀请肯特为美国本土作家麦尔维尔的长篇小说《白鲸》（*Moby Dick*，1851）画插图，这回肯特画了近300幅。书因此厚了很多，足有三大卷，装在漂亮的铝盒子里，售价比《老实人》贵七倍！

然而，依旧畅销。

《白鲸》是美国历史上第一部伟大的长篇小说，也可能是迄今为止最伟大的美国小说。麦尔维尔一生贫困，他曾两次出海做水手，第二次正是在一艘捕鲸船上航行了 15 个月。小说描写了船长埃哈伯和白色抹香鲸莫比·迪克的恩怨情仇，最终他们同归于尽。可是由于书中充斥着大量的鲸类学考证、自然史和哲学思辨，出版后不受大众欢迎，以至于作者在终于找到可以养家糊口的海关检查员工作以后，便放弃了写作，在默默无闻中度过余生。

无论《老实人》还是《白鲸》的故事，都充满了"探险意味"，甚至死亡的氛围，这些故事很符合肯特的口味和个性。事实上，他接受后一项任务的前一年，刚刚经历了格陵兰岛的九死一生。肯特对作品的理解，超出了人与鲸的恩怨，看到的只有力和美，尤其在大海的烘托下表现得淋漓尽致，他特别擅长描写男性之美。从这个意义上来说，肯特与麦尔维尔可谓是英雄所见略同。

再来看欧玛尔·海亚姆，他虽然没有经历太多身体的冒险，但年轻时跟随制作帐篷的父亲去过不少地方，在不同的国度生活过。另外，他在数学和天文学领域创造性的研究和发现，也绝对是一种智慧上的探险；而面对政局的急剧变化和宗教方面的严格戒律，他内心有一种强力的反抗和挣扎，最终由一次次瞬间的自我慰藉，转化为一首首四行诗，才有了流传至今的《鲁拜集》。

1913 年著名的"纽约军械库展览"发生时，肯特刚过而立之年，他不可能不注意到这一震惊世界的现代主义艺术运动的标志性事件。

但纵观肯特的一生，他在不断强调自己是"现实主义画家"，其实他的作品很有现代感，可以说接近于"象征主义"。我们为《鲁拜集》挑选的插图中，主要是肯特的版画作品，其中的黑色与力量、线条与生命之美，与欧玛尔·海亚姆的诗歌相得益彰。"昙花一现，又生生长流"，我相信广大读者一定能从中有所感悟，有所发现。

最后，我要特别感谢莫言先生，之前他曾为两部拙作《数学传奇》和《我的大学》撰写推荐语，这次又欣然为拙译《鲁拜集》题写了书名。我与莫言的缘分不仅因为山东。2012 年，我应邀飞抵非洲最高山乞力马扎罗山脚下，当时从收音机里听到英国广播公司的新闻，得知莫言获得了诺贝尔文学奖，我发短信向他表示祝贺。今年夏天，我在青岛了解到，莫言故乡高密县东北乡离青岛新机场不远，返程时便提前出发去参观。我又给莫言发去短信，没想到他回复告知他正在非洲。

2023 年 9 月，杭州天目里